Investieren 101:

So beginnen Sie noch heute mit dem Vermögensaufbau

Franklin Fisher

Veröffentlicht von Amazon KDP

Amazon.com, Inc.

Postfach Box 81226

Seattle, WA 98108-1226

Vereinigte Staaten.

Gedruckt von Amazon KDP in den USA

Inhaltsverzeichnis

Kapitel 1

Einführung

A. Bedeutung des Investierens

1. **Finanzielle Sicherheit aufbauen**
   Investitionen sind für den Aufbau finanzieller Sicherheit von entscheidender Bedeutung. Indem Sie Ihr Geld in Investitionen investieren, schaffen Sie die Möglichkeit, dass Ihr Geld im Laufe der Zeit wächst, anstatt nur auf einem Sparkonto zu liegen und nur minimale Zinsen zu verdienen. Dieses Wachstum kann Ihnen dabei helfen, finanzielle Ziele wie den Kauf eines Eigenheims, die Finanzierung Ihrer Ausbildung oder einen komfortablen Ruhestand zu erreichen.

2. **Wachsender Reichtum im Laufe der Zeit**
   Durch das Investieren können Sie die Vorteile des Zinseszinseffekts nutzen, bei dem die Renditen Ihrer Investitionen ihre eigenen Renditen erwirtschaften. Dies kann im Laufe der Zeit zu einem exponentiellen Wachstum Ihres Vermögens führen

und Ihre finanziellen Ressourcen im Vergleich zum alleinigen Sparen deutlich erhöhen.

B. Häufige Mythen über Investitionen

1. **Investieren ist nur etwas für Reiche**
   Ein weit verbreitetes Missverständnis ist, dass Investitionen nur für diejenigen zugänglich sind, die viel Geld haben. Tatsächlich stehen viele Anlagemöglichkeiten für alle Finanzniveaus zur Verfügung. Mit dem Aufkommen von Online-Brokern und Robo-Advisors können Sie bereits mit kleinen Geldbeträgen investieren, was es fast jedem zugänglich macht.

2. **Investieren ist zu riskant**
   Ein weiterer weit verbreiteter Mythos besagt, dass Investitionen von Natur aus zu riskant seien. Zwar bergen alle Investitionen ein gewisses Maß an Risiko, doch der Schlüssel liegt darin, dieses Risiko zu verstehen und angemessen zu verwalten. Diversifizierung, Research und eine langfristige Perspektive können viele der mit Investitionen verbundenen Risiken mindern.

C. Zweck des Leitfadens

1. **Stärken Sie Anfänger mit Wissen**
   Ziel dieses Leitfadens ist es, Einsteigern die nötigen Fähigkeiten zu vermitteln, indem er grundlegendes Wissen über das Investieren vermittelt. Wenn Sie die Grundlagen verstehen, können Sie fundierte Entscheidungen treffen und zu Beginn Ihrer Investitionsreise Vertrauen aufbauen.

2. **Bieten Sie einen schrittweisen Ansatz**
   Um den Prozess weniger entmutigend zu gestalten, bietet dieser Leitfaden eine klare Schritt-für-Schritt-Anleitung zum Investieren. Von der Festlegung finanzieller Ziele bis zur Auswahl der richtigen Investitionen ist jeder Abschnitt darauf ausgelegt, Sie systematisch durch den Prozess zu führen und sicherzustellen, dass Sie noch heute mit dem Vermögensaufbau beginnen können.

Kapitel 2

Die Grundlagen des Investierens verstehen

A. Was ist Investieren?

1. **Definition und Schlüsselkonzepte**
   Beim Investieren wird Geld in verschiedene Finanzinstrumente oder Vermögenswerte investiert, mit der Erwartung, im Laufe der Zeit einen Gewinn oder ein Einkommen zu erwirtschaften. Zu den Schlüsselkonzepten gehört das Verständnis der Natur von Vermögenswerten, der Rendite und des Zeitwerts des Geldes.

2. **Unterschied zwischen Sparen und Investieren**
   Beim Sparen geht es in der Regel darum, Geld an einem sicheren, leicht zugänglichen Ort wie einem Sparkonto beiseite zu legen, wo es nur minimale Zinsen abwirft. Beim Investieren hingegen geht es um den Kauf von Vermögenswerten mit dem Potenzial für höhere Renditen, wenn auch mit höherem Risiko.

B. Arten von Investitionen

1. **Aktien**

   Aktien repräsentieren das Eigentum an einem Unternehmen. Wenn Sie Aktien kaufen, werden Sie Aktionär und können durch Dividenden und Kapitalzuwachs vom Wachstum des Unternehmens profitieren.

2. **Fesseln**

   Anleihen sind Schuldtitel, die von Unternehmen oder Regierungen ausgegeben werden. Wenn Sie eine Anleihe kaufen, leihen Sie dem Emittenten Geld im Austausch für regelmäßige Zinszahlungen und die Rückgabe des Nennwerts der Anleihe bei Fälligkeit.

3. **Investmentfonds**

   Investmentfonds bündeln das Geld mehrerer Anleger, um ein diversifiziertes Portfolio aus Aktien, Anleihen oder anderen Wertpapieren zu kaufen. Sie sorgen für Diversifizierung und professionelles Management.

4. **Exchange Traded Funds (ETFs)**

   ETFs ähneln Investmentfonds, werden aber wie einzelne Aktien an Börsen gehandelt. Sie bieten

Diversifizierung und in der Regel niedrigere Gebühren.

5. **Immobilie**

Bei der Investition in Immobilien geht es darum, Immobilien zu kaufen, um Mieteinnahmen zu erzielen oder sie in der Zukunft zu einem höheren Preis zu verkaufen. Dies können Wohn-, Gewerbe- oder Industrieimmobilien sein.

6. **Andere Alternativen (z. B. Rohstoffe, Kryptowährungen)**

Alternative Anlagen wie Rohstoffe (z. B. Gold, Öl) und Kryptowährungen (z. B. Bitcoin) bieten Diversifizierung und potenziell hohe Renditen, sind aber auch mit höherer Volatilität und höherem Risiko verbunden.

C. Risiko und Rendite

1. **Risiko verstehen**

Das Risiko beim Investieren bezieht sich auf die Möglichkeit, Geld zu verlieren. Unterschiedliche Investitionen bergen unterschiedliche Risiken, und das Verständnis dieser Risiken ist entscheidend, um fundierte Entscheidungen treffen zu können.

2. **Risikotoleranz und persönliches Risikoprofil**

   Ihre Risikotoleranz ist Ihre Fähigkeit und Bereitschaft, Marktschwankungen zu ertragen. Dies hängt von Faktoren wie Ihrer finanziellen Situation, Ihren Anlagezielen und Ihrem Zeithorizont ab.

3. **Zusammenhang zwischen Risiko und Rendite**

   Im Allgemeinen geht das Potenzial für höhere Renditen mit einem höheren Risiko einher. Das Ausbalancieren von Risiko und Rendite entsprechend Ihrer Risikotoleranz und Ihren Anlagezielen ist der Schlüssel zu einer erfolgreichen Anlagestrategie.

Kapitel 3

Vorbereitung zum Investieren

A. Finanzielle Ziele setzen

1. **Kurzfristige vs. langfristige Ziele**
   Finanzielle Ziele können grob in kurzfristige und langfristige Ziele eingeteilt werden. Kurzfristige Ziele erstrecken sich in der Regel über ein bis fünf Jahre und können das Sparen für einen Urlaub, eine Anzahlung für ein Auto oder einen Notfallfonds umfassen. Langfristige Ziele reichen dagegen über fünf Jahre hinaus und umfassen häufig wichtige Lebensereignisse wie den Kauf eines Eigenheims, die Finanzierung der Ausbildung eines Kindes oder die Ruhestandsplanung. Eine klare Unterscheidung zwischen diesen Zielen hilft dabei, die jeweils geeigneten Anlagestrategien und Zeithorizonte zu bestimmen.

2. **Bedeutung klarer Ziele**
   Die Festlegung klarer finanzieller Ziele ist für die Erstellung eines

gezielten Investitionsplans von entscheidender Bedeutung. Klare Ziele geben Richtung und Zweck vor und helfen Ihnen, auf Ihrem Anlageweg motiviert und diszipliniert zu bleiben. Sie ermöglichen es Ihnen auch, den Fortschritt zu messen und unterwegs notwendige Anpassungen vorzunehmen. Stellen Sie bei der Festlegung von Zielen sicher, dass diese spezifisch, messbar, erreichbar, relevant und terminiert (SMART) sind, um ihre Wirksamkeit zu maximieren.

B. Aufbau eines Notfallfonds

1. Definition und Zweck

Ein Notfallfonds ist ein finanzielles Sicherheitsnetz, das dazu dient, unerwartete Ausgaben wie medizinische Notfälle, Autoreparaturen oder plötzlichen Arbeitsplatzverlust abzudecken. Der Hauptzweck eines Notfallfonds besteht darin, bei unvorhergesehenen Umständen für Liquidität und finanzielle Stabilität zu sorgen und zu verhindern, dass Investitionen liquidiert oder hochverzinsliche

Schulden aufgenommen werden müssen.

2. Empfohlene Menge

Finanzexperten empfehlen im Allgemeinen die Einrichtung eines Notfallfonds, der die Lebenshaltungskosten für drei bis sechs Monate abdeckt. Der genaue Betrag kann je nach individuellen Umständen variieren, z. B. der Arbeitsplatzstabilität, der Einkommensschwankung und dem persönlichen Komfortniveau. Durch die Aufbewahrung dieser Gelder auf einem leicht zugänglichen Konto, wie einem Sparkonto oder einem Geldmarktkonto, wird sichergestellt, dass sie bei Bedarf verfügbar sind.

C. Umgang mit Schulden

1. Hochverzinsliche vs. niedrigverzinsliche Schulden

Ein effektives Schuldenmanagement ist ein entscheidender Bestandteil der Investitionsvorbereitung. Hochverzinsliche Schulden wie Kreditkartenguthaben und Kurzzeitkredite können aufgrund der hohen Kreditkosten Ihre finanzielle Gesundheit erheblich beeinträchtigen. Der Rückzahlung hochverzinslicher Schulden muss Vorrang eingeräumt werden, da diese in der Regel die potenziellen Anlagerenditen übersteigt. Niedrig verzinsliche Schulden wie Hypotheken oder Studiendarlehen sind möglicherweise leichter zu bewältigen und können im Laufe der Zeit abbezahlt werden, während Sie gleichzeitig investieren.

2. **Strategien zur Schuldentilgung**
   Es gibt mehrere Strategien, um Schulden effizient anzugehen:

   o **Schulden-Schneeball-Methode:** Konzentrieren Sie sich darauf, zuerst die kleinsten Schulden zu begleichen, während Sie bei größeren Schulden nur minimale Zahlungen leisten. Dieser Ansatz sorgt für schnelle Erfolge und steigert die Motivation.

   o **Schuldenlawinenmethode:** Priorisieren Sie Schulden mit den höchsten Zinssätzen, wodurch die im Laufe der Zeit gezahlten Gesamtzinsen minimiert werden. Mit dieser

Methode kann auf lange Sicht mehr Geld gespart werden.

- ○ **Konsolidierung:** Die Zusammenfassung mehrerer Schulden zu einem einzigen Kredit mit niedrigerem Zinssatz kann die Rückzahlung vereinfachen und die Zinskosten senken.
- ○ **Automatisierte Zahlungen:** Durch die Einrichtung automatischer Zahlungen wird eine rechtzeitige Schuldentilgung gewährleistet und so Verzugszinsen und Strafen vermieden.

D. Budgetierung und Sparen

1. **Erstellen eines Budgets**
   Ein gut strukturierter Haushalt ist die Grundlage der Finanzplanung. Beginnen Sie damit, alle Einnahmequellen zu verfolgen und die Ausgaben in feste (z. B. Miete, Nebenkosten) und variable (z. B. Unterhaltung, Essen gehen) Kategorien zu kategorisieren. Analysieren Sie Ihr Ausgabeverhalten, um Bereiche zu

identifizieren, in denen Sie sparen können. Weisen Sie einen Teil Ihres Einkommens Ersparnissen und Investitionen zu und passen Sie Ihr Budget nach Bedarf an Ihre finanziellen Ziele an.

2. **Identifizieren von Bereichen zum Speichern**

   Durch die Suche nach Möglichkeiten zum Geldsparen kann der für Investitionen verfügbare Betrag erhöht werden. Betrachten Sie die folgenden Strategien:

   o **Reduzieren Sie diskretionäre Ausgaben:** Reduzieren Sie unwesentliche Ausgaben wie Restaurantbesuche, Abonnementdienste und Impulskäufe.

   o **Clever einkaufen:** Suchen Sie nach Rabatten, verwenden Sie Gutscheine und vergleichen Sie Preise, um bei alltäglichen Einkäufen zu sparen.

   o **Einsparungen automatisieren:** Richten Sie automatische Überweisungen auf Ihre Spar- und Anlagekonten ein, um konsistente Beiträge sicherzustellen.

- o **Überprüfen und anpassen:** Überprüfen Sie regelmäßig Ihr Budget, um neue Einsparmöglichkeiten zu erkennen und sicherzustellen, dass Sie Ihre finanziellen Ziele im Auge behalten.

Durch die Festlegung klarer finanzieller Ziele, den Aufbau eines Notfallfonds, eine effektive Schuldenverwaltung und die Erstellung eines realistischen Budgets können Sie eine solide Grundlage für erfolgreiches Investieren und den langfristigen Vermögensaufbau legen.

Kapitel 4

Erste Schritte mit dem Investieren

A. Auswahl des richtigen Anlagekontos

1. **Maklerkonten**
   Brokerage-Konten sind vielseitige Anlagekonten, mit denen Sie eine breite Palette von Wertpapieren kaufen und verkaufen können, darunter Aktien, Anleihen, Investmentfonds und ETFs. Diese Konten sind nicht steuerbegünstigt, d. h. alle Einkünfte oder Gewinne können steuerpflichtig sein. Sie bieten jedoch Flexibilität und Zugang zu einem breiten Spektrum an Anlagemöglichkeiten und eignen sich daher sowohl für kurzfristige als auch für langfristige Anlagestrategien. Berücksichtigen Sie bei der Auswahl eines Brokerage-Kontos Faktoren wie Gebühren, Kontomindestbeträge, verfügbare Anlageoptionen und die Qualität des Kundenservice.

2. **Rentenkonten (IRA, 401(k) usw.)**
   Rentenkonten sollen Ihnen dabei

helfen, mit Steuervorteilen für den Ruhestand zu sparen. Zu den häufigsten Typen gehören:

- o **Individuelle Rentenkonten (IRAs):** Herkömmliche IRAs bieten steuerbegünstigtes Wachstum, was bedeutet, dass Sie Steuern auf Abhebungen im Ruhestand zahlen. Roth IRAs sorgen für steuerfreies Wachstum und ermöglichen steuerfreie Abhebungen im Ruhestand, da die Beiträge mit Dollar nach Steuern geleistet werden.
- o **401(k)-Pläne:** Mit diesen vom Arbeitgeber geförderten Plänen können Sie einen Beitrag zum Vorsteuereinkommen leisten und so Ihr zu versteuerndes Einkommen für das Jahr reduzieren. Viele Arbeitgeber bieten entsprechende Beiträge an und stellen so praktisch kostenloses Geld für Ihre Altersvorsorge zur Verfügung. Es sind auch Roth 401(k)-Optionen verfügbar,

die steuerfreie Abhebungen ermöglichen.

- o **SEP IRAs und SIMPLE IRAs:** Diese Konten richten sich an Selbstständige und Kleinunternehmer und bieten höhere Beitragsgrenzen und Steuervorteile.

Berücksichtigen Sie bei der Auswahl eines Rentenkontos Faktoren wie Beitragsgrenzen, steuerliche Behandlung und mögliche Arbeitgeberübereinstimmung en.

B. Auswahl von Investitionen

1. **Diversifikation und Vermögensallokation**

Bei der Diversifikation streuen Sie Ihre Anlagen auf verschiedene Anlageklassen (z. B. Aktien, Anleihen, Immobilien), um das Risiko zu reduzieren. Bei der Vermögensallokation geht es darum, die optimale Mischung von Anlageklassen auf der Grundlage Ihrer Risikotoleranz, Ihrer finanziellen Ziele und Ihres Zeithorizonts zu bestimmen. Ein gut diversifiziertes Portfolio kann dazu beitragen, die Auswirkungen der Marktvolatilität abzumildern und das Potenzial für langfristige Renditen zu verbessern. Überprüfen Sie Ihr Portfolio regelmäßig und gleichen Sie es neu aus, um die gewünschte Vermögensallokation beizubehalten.

2. **Bewertung von Anlageoptionen** Berücksichtigen Sie bei der Auswahl spezifischer Investitionen Faktoren wie:

   o **Risikostufe:** Bewerten Sie das mit jeder Investition verbundene Risiko und stellen Sie sicher, dass es Ihrer Risikotoleranz entspricht.

   o **Renditepotenzial:** Bewerten Sie das Potenzial für Wachstum oder Einkommensgenerierung.

   o **Zeithorizont:** Passen Sie die Investitionen an Ihren Investitionszeitplan an. Beispielsweise eignen sich Aktien in der Regel besser für langfristige Ziele, während Anleihen möglicherweise besser für kurzfristige Ziele geeignet sind.

- Gebühren und Kosten: Berücksichtigen Sie Kosten wie Kostenquoten, Verwaltungsgebühren und Handelsprovisionen, da diese im Laufe der Zeit die Rendite schmälern können.
- **Leistungsverlauf:** Auch wenn die Wertentwicklung in der Vergangenheit keinen Rückschluss auf zukünftige Ergebnisse gibt, kann sie Aufschluss darüber geben, wie eine Anlage unterschiedliche Marktbedingungen überstanden hat.

C. Nutzung von Investitionsplattformen

1. Online-Broker

Online-Broker bieten selbstgesteuerten Anlegern eine Plattform für den Wertpapierhandel und die Verwaltung ihrer Portfolios. Sie bieten eine breite Palette an Tools und Ressourcen, darunter Forschungsberichte, Bildungsinhalte und erweiterte Handelsfunktionen. Berücksichtigen Sie bei der Auswahl eines Online-Brokers Faktoren wie

Handelsgebühren, Mindestkontobeträge, verfügbare Anlageoptionen und die Qualität seiner Handelsplattform.

2. **Robo-Berater**

   Robo-Berater verwenden Algorithmen, um ein diversifiziertes Portfolio basierend auf Ihrer Risikotoleranz und Ihren finanziellen Zielen zu erstellen und zu verwalten. Sie bieten eine kostengünstige, automatisierte Anlageverwaltung und sind damit eine attraktive Option für Einsteiger und diejenigen, die einen unkomplizierten Ansatz suchen. Die meisten Robo-Berater bieten Funktionen wie automatische Neuausrichtung, Steuerverlusteinziehung und personalisierte Finanzplanung.

3. **Finanzberater**

   Finanzberater bieten individuelle Anlageberatung und Portfolioverwaltung, die auf Ihre spezifischen Bedürfnisse und Ziele zugeschnitten sind. Sie können bei der umfassenden Finanzplanung helfen, einschließlich Altersvorsorge, Steuerstrategien und Nachlassplanung. Während Finanzberater in der Regel höhere

Gebühren verlangen als Robo-Berater, kann ihr Fachwissen bei komplexen Finanzsituationen oder bei Anlegern, die eine menschliche Note bevorzugen, wertvoll sein. Berücksichtigen Sie bei der Auswahl eines Finanzberaters dessen Qualifikationen, Erfahrung, Honorarstruktur und ob er als Treuhänder fungiert, was bedeutet, dass er in Ihrem besten Interesse handeln muss.

Durch die Auswahl des richtigen Anlagekontos, der Auswahl geeigneter Anlagen und der Nutzung geeigneter Anlageplattformen können Sie effektiv mit dem Aufbau und der Verwaltung Ihres Anlageportfolios beginnen. Dieser strukturierte Ansatz stellt sicher, dass Sie gut gerüstet sind, um Ihre finanziellen Ziele zu erreichen und im Laufe der Zeit Vermögen aufzubauen.

Kapitel 5

Entwicklung einer Anlagestrategie

A. Langfristige vs. kurzfristige Strategien

1. **Kaufen und behalten**
   Bei der Buy-and-Hold-Strategie werden Anlagen gekauft und unabhängig von Marktschwankungen über einen längeren Zeitraum gehalten. Dieser Ansatz nutzt das langfristige Wachstumspotenzial der Märkte und nutzt die Kraft der Aufzinsung. Es reduziert die Auswirkungen kurzfristiger Volatilität und Handelskosten. Diese Strategie ist ideal für Anleger mit langfristigen Zielen wie dem Ruhestand und erfordert Geduld und Disziplin, um Marktzyklen zu überstehen, ohne impulsiv auf kurzfristige Marktbewegungen zu reagieren.

2. **Mittelung der Dollarkosten**
   Dollar-Cost-Averaging (DCA) ist eine Strategie, bei der Sie in regelmäßigen Abständen einen festen

Geldbetrag investieren, unabhängig vom Investitionspreis. Dieser Ansatz verringert das Risiko, zu einem ungünstigen Zeitpunkt eine große Summe zu investieren. Wenn Sie konsequent investieren, kaufen Sie mehr Aktien, wenn die Preise niedrig sind, und weniger, wenn die Preise hoch sind, wodurch möglicherweise Ihre durchschnittlichen Kosten pro Aktie im Laufe der Zeit sinken. DCA ist besonders nützlich für die Bewältigung der Marktvolatilität und die Aufrechterhaltung einer disziplinierten Anlageroutine.

B. Neuausrichtung Ihres Portfolios

1. **Bedeutung der Neuausrichtung**
   Beim Rebalancing handelt es sich um den Prozess der Neuausrichtung Ihres Portfolios, um die gewünschte Vermögensallokation beizubehalten. Im Laufe der Zeit können Marktbewegungen dazu führen, dass Ihr Portfolio von seiner ursprünglichen Allokation abweicht, was möglicherweise das Risiko erhöht. Durch eine regelmäßige Neuausrichtung wird sichergestellt, dass Ihr Portfolio weiterhin Ihrer

Risikotoleranz und Ihren
Anlagezielen entspricht, und trägt so
zur Risikosteuerung und
Aufrechterhaltung der
Diversifizierung bei.

2. **Wie man das Gleichgewicht wieder
herstellt**

Um Ihr Portfolio neu
auszubalancieren, gehen Sie
folgendermaßen vor:

- o **Überprüfen Sie Ihre
  Vermögensaufteilung:**
  Vergleichen Sie Ihre aktuelle
  Portfolioallokation mit Ihrer
  Zielallokation.

- o **Identifizieren Sie über- und
  untergewichtete
  Vermögenswerte:** Ermitteln
  Sie, welche Vermögenswerte
  über ihre Zielgewichtung
  hinaus gewachsen sind und
  welche unterschritten wurden.

- o **Vermögenswerte verkaufen
  und kaufen:** Verkaufen Sie
  einen Teil der
  übergewichteten
  Vermögenswerte und
  verwenden Sie den Erlös, um
  weitere untergewichtete
  Vermögenswerte zu kaufen,

um Ihr Portfolio wieder auf die Zielallokation zu bringen.

o **Häufigkeit der Neuausrichtung:** Erwägen Sie eine jährliche oder halbjährliche Neuausrichtung oder wenn eine Anlageklasse um einen bestimmten Prozentsatz (z. B. 5–10 %) von ihrer Zielallokation abweicht.

o **Kostenüberlegungen:** Berücksichtigen Sie bei der Neuausrichtung die Transaktionskosten und steuerlichen Auswirkungen und versuchen Sie, diese Kosten zu minimieren.

C. Auf dem Laufenden bleiben und Strategien anpassen

1. **Mit den Markttrends Schritt halten** Wenn Sie über Markttrends und wirtschaftliche Entwicklungen informiert bleiben, können Sie bessere Anlageentscheidungen treffen. Lesen Sie regelmäßig Finanznachrichten, folgen Sie Marktanalysten und überprüfen Sie Wirtschaftsindikatoren, um die

Marktdynamik zu verstehen. Dieses Wissen kann Ihnen dabei helfen, Chancen zu erkennen, Risiken zu managen und Ihre Anlagestrategie bei Bedarf anzupassen.

2. **Anpassung an Lebensveränderungen**

Lebensveränderungen wie eine Heirat, die Geburt eines Kindes, berufliche Veränderungen oder der bevorstehende Ruhestand können Ihre finanziellen Ziele und Ihre Risikotoleranz erheblich beeinflussen. Überprüfen Sie Ihre Anlagestrategie regelmäßig, um sicherzustellen, dass sie mit Ihren aktuellen Umständen und Zielen übereinstimmt. Passen Sie Ihr Portfolio nach Bedarf an, um Änderungen in Ihrer finanziellen Situation, Ihrem Zeithorizont und Ihren Anlagezielen widerzuspiegeln.

Durch die Entwicklung einer umfassenden Anlagestrategie, die langfristige und kurzfristige Ansätze, regelmäßige Neuausrichtungen und die Information umfasst, können Sie Ihr Portfolio effektiv verwalten und auf die Erreichung Ihrer finanziellen Ziele hinarbeiten. Dieser proaktive und disziplinierte Ansatz hilft

Ihnen, Marktschwankungen zu bewältigen und sich an Veränderungen im Leben anzupassen, sodass Ihre Anlagestrategie weiterhin auf Ihre sich ändernden Bedürfnisse abgestimmt bleibt.

Kapitel 6

Häufige Investitionsfehler, die Sie vermeiden sollten

A. Emotionales Investieren

1. **Panikverkäufe und Market Timing**
   Emotionales Investieren führt bei Marktabschwüngen oft zu Panikverkäufen, die zu Verlusten führen und das langfristige Wachstum behindern können. Der Versuch, den Markt zeitlich zu steuern, indem man zu einem niedrigen Preis kauft und zu einem hohen Preis verkauft, ist äußerst schwierig und führt oft zu einer schlechten Performance. Emotionale Entscheidungen, die von Angst oder Gier getrieben werden, können dazu führen, dass Anlagen bei Marktrückgängen mit Verlust verkauft werden und Erholungsgewinne verpasst werden. Die Aufrechterhaltung einer disziplinierten, langfristigen Anlagestrategie hilft, diese

Fallstricke zu vermeiden und von Markterholungen zu profitieren.

2. **Selbstüberschätzung**

Übermäßiges Selbstvertrauen kann dazu führen, dass Anleger Risiken unterschätzen und ihre Fähigkeit, Marktbewegungen vorherzusagen, überschätzen. Dies kann dazu führen, dass ein übermäßiges Risiko eingegangen wird oder die Investitionen auf wenige Aktien oder Sektoren konzentriert werden. Es ist wichtig, bescheiden und realistisch in Bezug auf Ihre Investitionsfähigkeiten und - kenntnisse zu bleiben. Wenn Sie sich auf gründliche Recherche, Diversifizierung und die Einhaltung Ihres Anlageplans verlassen, können Sie die mit übermäßigem Selbstvertrauen verbundenen Risiken mindern.

B. Mangelnde Diversifizierung

Wenn Sie Ihr Portfolio nicht diversifizieren, können Sie sich unnötigen Risiken aussetzen. Bei der Diversifizierung geht es darum, Investitionen auf verschiedene Anlageklassen, Sektoren und geografische Regionen zu verteilen, um die Auswirkungen der schlechten Performance einer einzelnen Investition zu verringern. Ein gut diversifiziertes Portfolio kann dazu beitragen, die Renditen zu glätten, die Volatilität zu reduzieren und Ihre Anlagen vor erheblichen Verlusten zu schützen. Überprüfen und passen Sie Ihr Portfolio regelmäßig an, um sicherzustellen, dass es diversifiziert bleibt und Ihrer Risikotoleranz und Ihren Anlagezielen entspricht.

C. Ignorieren von Gebühren und Auslagen

Gebühren und Kosten können die Anlagerenditen im Laufe der Zeit erheblich schmälern. Zu den üblichen Gebühren gehören Kostenquoten für Investmentfonds und ETFs, Handelsprovisionen und Verwaltungsgebühren für Finanzberater. Hohe Gebühren können den Zinseszinseffekt auf Ihre Investitionen verringern und so das langfristige Wachstum einschränken. Um die Auswirkungen der Gebühren zu minimieren, wählen Sie kostengünstige Anlageoptionen wie Indexfonds und ETFs und achten Sie auf die Transaktionskosten. Überprüfen Sie regelmäßig die mit Ihren Anlagen verbundenen Gebühren und erwägen Sie gegebenenfalls einen Wechsel zu günstigeren Alternativen.

D. Versäumnis, Investitionen zu überprüfen und anzupassen

Investitionen sollten nicht auf Autopilot gestellt werden. Wenn Sie Ihr Portfolio nicht regelmäßig überprüfen und anpassen, kann dies zu einer Abweichung von Ihren finanziellen Zielen und Ihrer Risikotoleranz führen. Marktbedingungen, wirtschaftliche Veränderungen und persönliche Lebensereignisse können sich auf Ihre Anlagestrategie auswirken. Durch regelmäßige Überprüfungen können Sie die Leistung bewerten, Ihr Portfolio neu ausbalancieren und notwendige Anpassungen vornehmen, um auf dem richtigen Weg zu bleiben. Richten Sie eine Routine für die Überprüfung Ihrer Investitionen ein, beispielsweise vierteljährlich oder jährlich, und nehmen Sie bei Bedarf Anpassungen vor, um sicherzustellen, dass Ihr Portfolio weiterhin gut positioniert ist, um Ihre finanziellen Ziele zu erreichen.

Kapitel 7

Ressourcen für weiteres Lernen

A. Bücher und Literatur

1. **Empfohlene Leseliste**
   - „**Der intelligente Investor**" **von Benjamin Graham:** Ein klassischer Text zum Thema Value Investing, der zeitlose Weisheiten zum Umgang mit dem Aktienmarkt vermittelt.
   - „**A Random Walk Down Wall Street**" **von Burton G. Malkiel:** Dieses Buch behandelt verschiedene Anlagestrategien und bietet Einblicke in die Hypothese eines effizienten Marktes.
   - „**Stammaktien und ungewöhnliche Gewinne**" **von Philip Fisher:** Bietet Anleitung zur Bewertung und Auswahl von Aktien anhand qualitativer Kriterien.
   - „**Das kleine Buch zum Investieren mit gesundem**

Menschenverstand" von
John C. Bogle: Befürworter
kostengünstiger
Indexfondsinvestitionen als
Strategie für langfristigen
Erfolg.

o **„Dein Geld oder dein
Leben" von Vicki Robin
und Joe Dominguez:**
Konzentriert sich auf
finanzielle Unabhängigkeit
und die Veränderung Ihrer
Beziehung zu Geld.

o **„One Up On Wall Street"
von Peter Lynch:** Gibt
Erkenntnisse eines
erfolgreichen Fondsmanagers
darüber weiter, wie man
Anlagemöglichkeiten
identifiziert.

B. Online-Kurse und Tutorials

Zahlreiche Online-Plattformen bieten Kurse
und Tutorials zum Thema Geldanlage an, die
für alle Erfahrungsstufen geeignet sind.
Einige beliebte Plattformen

enthalten:

- **Coursera:** Bietet Kurse von führenden Universitäten und Institutionen zu verschiedenen Anlagethemen an, darunter Grundlagen des Investierens, Finanzmärkte und Portfoliomanagement.
- **edX:** Bietet Zugang zu Kursen zu Investitionen und Finanzen von renommierten Institutionen wie MIT, Harvard und anderen.
- **Udemy:** Bietet eine breite Palette an Investmentkursen, vom Anfänger- bis zum Fortgeschrittenenniveau, oft mit praktischen Übungen und realen Anwendungen.
- **Khan Akademie:** Bietet kostenlose Tutorials zu den Grundlagen des Investierens, der persönlichen Finanzen und der Wirtschaft, ideal für Anfänger.
- **Investopedia-Akademie:** Bietet spezielle Kurse zu Anlagestrategien, Finanzanalysen und Handel, die von Branchenexperten unterrichtet werden.

C. Finanznachrichten und Websites

Um fundierte Investitionsentscheidungen treffen zu können, ist es von entscheidender

Bedeutung, über die neuesten Markttrends und wirtschaftlichen Entwicklungen informiert zu sein. Zu den zuverlässigen Quellen gehören:

- **Wall Street Journal (WSJ):** Eine führende Quelle für Finanznachrichten, Marktdaten und Wirtschaftsanalysen.
- **Bloomberg:** Bietet umfassende Berichterstattung, Markteinblicke und Analysen zu den globalen Finanzmärkten.
- **CNBC:** Bietet Echtzeit-Marktnachrichten, Analysen und Anlageberatung sowie Videoinhalte und Interviews mit Branchenexperten.
- **Yahoo Finanzen:** Bietet aktuelle Marktnachrichten, Finanzdaten und Tools zur Verfolgung Ihrer Investitionen.
- **Morgen Stern:** Bietet detaillierte Recherchen, Analysen und Bewertungen zu Aktien, Investmentfonds und ETFs.
- **Ich suche Alpha:** Eine Plattform, auf der Anleger ihre Analysen und Meinungen zu verschiedenen Anlagemöglichkeiten austauschen.

D. Professionelle Beratung und Networking

Die Suche nach professioneller Beratung und die Vernetzung mit anderen Anlegern kann wertvolle Erkenntnisse und Unterstützung für Ihre Investitionsreise liefern.

- **Finanzberater:** Zertifizierte Finanzplaner (CFPs) und andere Berater können individuelle Anlageberatung und umfassende Finanzplanung basierend auf Ihren individuellen Zielen und Ihrer Risikotoleranz anbieten.
- **Investmentclubs:** Wenn Sie einem Investmentclub beitreten, können Sie von anderen Anlegern lernen und Ideen mit ihnen austauschen und so ein gemeinschaftliches Umfeld für die Diskussion von Anlagestrategien und -möglichkeiten schaffen.
- **Professionelle Organisationen:** Erwägen Sie den Beitritt zu Organisationen wie dem CFA Institute oder der Financial Planning Association (FPA), um Zugang zu Bildungsressourcen, beruflicher Weiterentwicklung und Networking-Möglichkeiten zu erhalten.

- **Konferenzen und Seminare:** Nehmen Sie an Branchenkonferenzen, Webinaren und Seminaren teil, um über Markttrends, Anlagestrategien und neue Chancen auf dem Laufenden zu bleiben. Diese Veranstaltungen bieten auch die Möglichkeit, sich mit Branchenexperten und anderen Investoren zu vernetzen.
- **Online-Foren und Communities:** Beteiligen Sie sich an Online-Foren und Communities wie r/investing von Reddit oder Bogleheads.org, in denen Investoren Strategien diskutieren, Erfahrungen austauschen und Unterstützung anbieten.

Durch die Nutzung dieser Ressourcen können Sie Ihr Wissen kontinuierlich erweitern, über Marktentwicklungen informiert bleiben und Ihre Anlagestrategien verfeinern, um langfristigen finanziellen Erfolg zu erzielen.

Kapitel 8

Abschluss

A. Zusammenfassung der wichtigsten Punkte

In diesem Leitfaden haben wir wesentliche Aspekte des Investierens behandelt, darunter:

- Verstehen, wie wichtig Investitionen für den Aufbau finanzieller Sicherheit und den Vermögenszuwachs im Laufe der Zeit sind.
- Wir räumen mit verbreiteten Mythen über Investitionen auf, etwa mit der Annahme, dass Investitionen nur etwas für Reiche oder zu riskant seien.
- Wir vermitteln Anfängern Wissen und bieten einen schrittweisen Ansatz für den Beginn ihrer Investitionsreise.
- Das Festlegen finanzieller Ziele, der Aufbau eines Notfallfonds, die Verwaltung von Schulden und eine effektive Budgetierung sind Voraussetzungen für Investitionen.
- Auswahl der richtigen Anlagekonten, Auswahl von Anlagen und Nutzung

von Anlageplattformen, um mit der Investition zu beginnen.

- Entwickeln einer Anlagestrategie, einschließlich langfristiger vs. kurzfristiger Ansätze, Neuausrichtung des Portfolios und Bleiben auf dem Laufenden.
- Vermeiden Sie häufige Investitionsfehler wie emotionales Investieren, mangelnde Diversifizierung, Ignorieren von Gebühren und unterlassene Überprüfung von Investitionen.

B. Ermutigung, noch heute mit dem Investieren zu beginnen

Da Sie nun über eine solide Grundlage für Anlageprinzipien und -strategien verfügen, ist es an der Zeit, Maßnahmen zu ergreifen und noch heute mit dem Investieren zu beginnen. Denken Sie daran: Je früher Sie mit der Investition beginnen, desto mehr Zeit haben Ihre Investitionen, um zu wachsen und sich zu vermehren. Selbst kleine Beiträge können langfristig einen großen Unterschied machen. Lassen Sie sich nicht von Angst oder Unsicherheit zurückhalten – machen Sie den ersten Schritt in Richtung finanzieller Selbstbestimmung und beginnen Sie noch heute mit dem Aufbau Ihres Vermögens.

C. Abschließende Tipps für erfolgreiches Investieren

Beachten Sie bei Beginn Ihrer Investitionsreise die folgenden Tipps:

- **Bleiben Sie diszipliniert:** Bleiben Sie bei Ihrem Investitionsplan und vermeiden Sie impulsive Entscheidungen, die auf kurzfristigen Marktschwankungen basieren.
- **Diversifizieren Sie Ihr Portfolio:** Verteilen Sie Ihre Investitionen auf verschiedene Anlageklassen und Sektoren, um das Risiko zu mindern und die langfristigen Erträge zu maximieren.
- **Kosten minimieren:** Berücksichtigen Sie die mit Ihren Investitionen verbundenen Gebühren und Kosten und wählen Sie nach Möglichkeit kostengünstige Optionen, um die Rendite zu maximieren.
- **Bleib informiert:** Informieren Sie sich kontinuierlich über Anlageprinzipien, Markttrends und wirtschaftliche Entwicklungen, um fundierte Entscheidungen zu treffen.
- **Holen Sie sich professionellen Rat:** Erwägen Sie die Konsultation eines

Finanzberaters oder Anlageexperten für eine individuelle Beratung und Unterstützung.

- **Überwachen und überprüfen:** Überprüfen Sie Ihr Anlageportfolio regelmäßig, bewerten Sie die Leistung und nehmen Sie bei Bedarf Anpassungen vor, um Ihre finanziellen Ziele auf dem richtigen Weg zu halten.

Mit Engagement, Geduld und einer fundierten Anlagestrategie können Sie finanziellen Erfolg erzielen und eine sichere Zukunft für sich und Ihre Lieben aufbauen. Beginnen Sie mit Zuversicht zu investieren und beobachten Sie, wie Ihr Vermögen mit der Zeit wächst.

Buchbeschreibung

„Investieren 101: So beginnen Sie noch heute mit dem Vermögensaufbau" ist Ihr wesentlicher Leitfaden für die finanzielle Selbstbestimmung. Ganz gleich, ob Sie ein unerfahrener Investor sind oder Ihre Anlagekenntnisse erweitern möchten, dieser umfassende Leitfaden bietet einen schrittweisen Ansatz zum Aufbau von Vermögen und zur Sicherung Ihrer finanziellen Zukunft. Entdecken Sie die Bedeutung von Investitionen für langfristiges Wachstum und erfahren Sie, wie Sie mit gängigen Mythen aufräumen, die Sie möglicherweise behindern. Von der Festlegung klarer finanzieller Ziele über die Auswahl der richtigen Anlagekonten bis hin zur Auswahl geeigneter Anlagen deckt dieses Buch alles Wesentliche ab. Tauchen Sie ein in praktische Strategien zum Schuldenmanagement, zum Aufbau eines Notfallfonds und zur Erstellung eines Budgets zur Unterstützung Ihrer Investitionsreise. Mit Einblicken in die Entwicklung einer effektiven Anlagestrategie, die Vermeidung häufiger Fallstricke und den Zugang zu wertvollen Ressourcen für weiteres Lernen stattet Sie „Unlock Your Wealth" mit dem Wissen und dem Selbstvertrauen aus, um noch heute mit dem Investieren zu beginnen. Übernehmen Sie mit diesem hilfreichen Leitfaden die Kontrolle über Ihr finanzielles Schicksal und öffnen Sie die Tür zu einer erfolgreichen Zukunft.